Georges Bull
25 Pequenos Estudos

Opus 90

PARA PIANO

Primeiro Volume

Nº Cat.: 104-M

Irmãos Vitale Editores Ltda.
vitale.com.br
Rua Raposo Tavares, 85 São Paulo SP
CEP: 04704-110 editora@vitale.com.br Tel.: 11 5081-9499

© Copyright by Irmãos Vitale Editores Ltda. - São Paulo - Rio de Janeiro - Brasil.
Todos os direitos autorais reservados para todos os países. *All rights reserved.*

Dados Internacionais de Catalogação na Publicação (CIP)
(Câmara Brasileira do Livro, SP, Brasil)

Bull, Georges
   25 pequenos estudos : op. 90 para piano / Georges Bull.
-- São Paulo : Irmãos Vitale, 1996.

   ISBN 85-85188-32-4
   ISBN 978-85-85188-32-0

1. Piano - Estudo e ensino I. Título.

96-4441   CDD-786.207

Indices para catálogo sistemático:

1. Piano : Método : Estudo e ensino   786.207

25 Pequenos Estudos
Op. 90

A passos curtos

GEORGES BULL

Passeio matinal

Pequena fiandeira

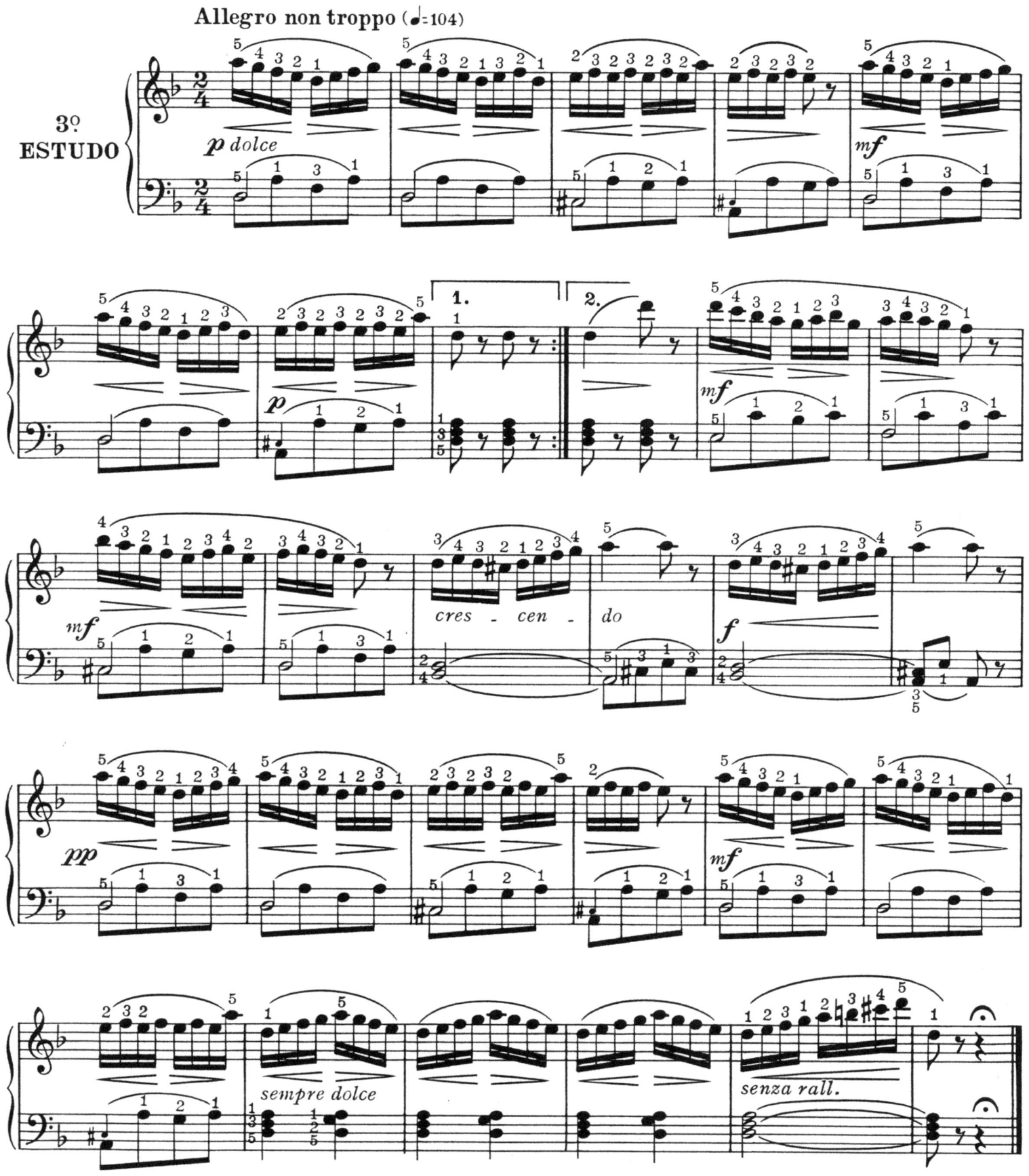

Clarinadas

"Gazeteando"

A hora de aula

Perto da lareira

Fuga para o campo

Boa noite

A dança dos bonecos

Um segredo

O cuco

Pobrezinha

Canto do exilado

Lembrança de Nápoles
TARANTELA

Ronda noturna

Travessa

Enfado

Por montes e vales

A caminho

20º ESTUDO

22

A volta das andorinhas

Lourinha

D. C.

Pastorinha

O pequeno marquês

D. C.

Corrida de carro

25º ESTUDO